„Handle an allen Wesen und in und an allen Dingen so,
wie Du an Dir gehandelt haben möchtest. "

Keltisch Druidisches Credo

Erste Auflage vom Dezember 2015

Autor: Dirk Püschel
Covergestaltung und Zeichnungen: Dirk Püschel
Herstellung und Verlag: BoD – Books on Demand, Norderstedt

ISBN 978-3-7392-1231-9

Berlin - Deutschland (BRD) - Planet Erde

Inhalt

1. Vorwort

Durch das Lesen der Anastasia-Buchreihe von Wladimir Megre bin ich auf die Idee der Familienlandsitze aufmerksam geworden. Auf der Suche nach einem sinnvollen, ländlichen Lebensmodell für mich und meine Familie, hat mich die Idee der Familienlandsitze und der Siedlungen mehr und mehr beeindruckt. In ihr stecken so viel Sinn, Kraft und Möglichkeiten.

Da die Idee noch in den Kinderschuhen steckt und erst wenige Informationen zu finden sind, habe ich mich entschlossen dieses Buch zu schreiben.

Ein Buch für alle die unabhängig, selbsterfüllt und glücklich im Kreise ihrer liebevollen Familie und Gemeinschaft, im Einklang mit der Schöpfung und der Natur leben wollen.

Frei nach dem Motto: **Träumen - Planen - Handeln - Feiern**

Gedanken werden zu Taten, die die Menschheit in eine bessere Welt führen.

Dirk Püschel

2. Was ist ein Familienlandsitz

Stell Dir einen Ort vor, der so schön ist das du auf ihm mit deiner Familie und vielen kommenden Generationen leben willst. Ein eigenes Stück Land für dich und deine Lieben in Harmonie mit der Natur. Ein Stück Land mit Wald, Teich, Obstbäumen, Garten, Wiese und mehr. Ein Stück Heimat, von dem sich du und deine Familie ernähren können. Es bietet Einkommen und Lebensgrundlage für alles Kommende. Mit viel Zeit für Familie, Freunde und eigene Interessen. Ein Leben in Frieden, Glück und Geborgenheit.

Der Familienlandsitz ist ein neues, ländliches Lebensmodell für Generationen in Harmonie mit der Natur. Es basiert auf der Arbeit und dem Verständnis der Natur und des Seins.

Der eigene Landsitz ist Grundlage für köstliche Nahrung, gesundes Wasser, saubere Luft, ökologischen Wohnraum, Baumaterial und Feuerholz. Er ist Arbeits-, Freizeit- und Lebensbereich.

Ein Familienlandsitz ist ein 1 Hektar großes Stück Land. Es ist Heimat und Lebensgrundlage für 1 Familie. Hier können 3 Generationen und im Durchschnitt 5 Menschen leben. Dieses Land ist das geistige und körperliche Zentrum der Familie und dient als Lebensraum der Kinder und aller kommenden Generationen. Hier entfalten sich völlig neue und ungeahnte Möglichkeiten. Diese Möglichkeiten basieren auf dem verlorengegangenen Wissen unserer Ahnen und den unendlichen Möglichkeiten der Natur.

Jeder Landsitzfamilie ist die schöpferische Gestaltung ihres Landsitzes übertragen.

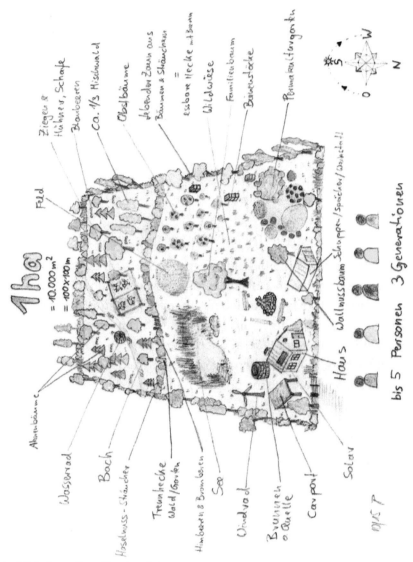

1. Bild eines Familienlandsitzes

Das Land ist von einem lebenden Zaun aus Bäumen und Sträuchern umgeben. Ein Drittel und mehr besteht aus Mischwald. Er sorgt für gutes Wasser, gesunde Luft und Holz. Wald, Hecke und Sträucher dienen als Brennholz und Baumaterial.

Unabhängigkeit von externer Nahrung, Energie, Wasser und Abwasser werden großgeschrieben.

Alle Gebäude sollen aus natürlichen Materialien der Umgebung stammen und dem Ziel der *Autarkie* folgen.

Die Energiegewinnung erfolgt über Sonne, Wind, Wasser und andere Techniken. Dazu können und sollen auch selbst gebaute Anlagen installiert werden. Hierbei sind kreative Lösungen und Eigeninitiative gefragt.

Der Permakultur-Garten bietet bestes Obst, Gemüse, Beeren, Nüsse, Pilze und Kräuter ohne viel Arbeit. Überschüsse können getauscht oder gehandelt werden. Die Bienen sammeln uns Honig und die Ziegen, Hühner oder Schafe liefern uns Milch, Eier und Wolle. Daraus werden dann Käse, Stoffe und viele weitere nützliche Sachen.

Jeder Landsitz besitzt einen, natürlich oder künstlich angelegten Teich, einen Brunnen und/oder eine Quelle. Sie dienen der Wasserversorgung, Energiegewinnung und dem ökologischen Gleichgewicht jedes Familienlandsitzes.

Dieses Land ist Familienland und wird von Generation zu Generation weiter gegeben. Hier spürt man den Geist seiner Ahnen am „Ahnenbaum" oder kann im „Raum der Liebe" neue Generationen gründen. Hier kann jeder etwas für sich, seine Familie und kommende Generationen hinterlassen. Etwas von Dauer, Wert und Bedeutung.

Hier ist man *Frei*, hier kann man *Sein*.

3. Woher stammt die Idee

Die Idee der Familienlandsitze stammt aus der *Anastasia* Buchreihe von *Wladimir Megre*. In ihr beschreibt der Autor seine ungewöhnlichen Erlebnisse mit der Einsiedlerin Anastasia in Russland, welche auf wahren Begebenheiten beruhen. Er schreibt über Anastasia, ihre Ansichten, ihre Ideen und ihr Wirken für eine bessere Welt. Dabei begibt er sich ungewollt auf die Reise und das Abenteuer seines Lebens, und muss dabei feststellen, dass er dabei ein Teil einer viel Größeren Idee ist.

Die Buchreihe umfasst momentan 10 Bände. Sie handelt von uns, der Menschheit, unserer Welt, unserer Vergangenheit, unserer Zukunft und von verloren gegangenem Wissen und der Möglichkeit es wieder nutzen zu können. Es geht um den Sinn des Lebens und von dem was wir tun können um unsere Welt zu retten. Die Bücher zeigen eine Wahrheit die SO wohl die Wenigsten erwartet haben. Ganz wichtig dabei ist auch, dass sie eine Botschaft sowie einfache Wege und Lösungen enthalten. Die Familienlandsitze sind dabei nur ein Weg zu einem Leben mit der Natur und dem Universum. Dabei können und werden uns Anastasias Ideen in eine bessere Zukunft führen.

4. Was bietet ein Familienlandsitz

Ein Familienlandsitz bietet: Gesundheit, Unabhängigkeit, Raum der Liebe, Raum der Ahnen, Zukunftssicherheit, ein unabhängiges und nachhaltiges Lebensmodell, Sicherheit und Unabhängigkeit in der Zukunft und der Krise, gesunde Nahrung, sauberes Wasser, Zeit zum Leben, Heimat, Ruhe, Glück, Gemeinschaft, Geborgenheit, Leben in und mit der Natur, Lebensraum für Kinder, Zukunft für Kinder und Jugendliche, eine Perspektive, Selbstversorgung, autarkes Leben, Freiheit, Zeit in Familie, Zeit für persönliche Interessen, Selbstverwirklichung, Sinn, Glück, Zufriedenheit, Magie, Gesundheit und vieles, vieles mehr.

5. Die Familienlandsitz-Siedlung

Viele Landsitze können sich zu Siedlungen zusammenschließen. Sie helfen sich gegenseitig und tauschen Wissen, Fähigkeiten, Maschinen und Produkte. Siedlungen besitzen einen großzügigen Gemeinschaftsbereich für Bildung, Treffen, Versorgung (Laden), Feste und Feiern, Kunst, Kultur, gemeinschaftliche Aktivitäten uvm.

Eine Siedlung kann auf ein spezielles Thema ausgerichtet sein. z.B. Lehmbau oder Permakultur. Dazu kann es Kurse, Bücher und Veranstaltungen geben. So entwickeln sich nach und nach Ideenschmieden sowie Wissens- und Kompetenzzentren.

Die Siedlungen entwickeln, leben und pflegen eigene Traditionen, Bräuche, Feste und Rituale. Gemeinschaft wird gelebt und bewahrt.

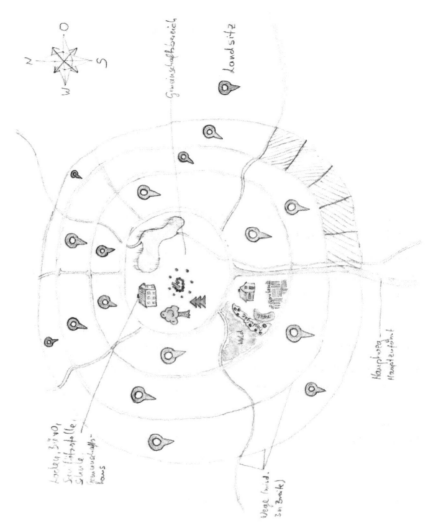

2. Bild einer Familienlandsitz-Siedlung

6. Die Vision

Aus den anfangs einzeln und zaghaft entstehenden Familienlandsitzen, bilden sich nach und nach Siedlungen. Diese Siedlungen wachsen und neue kommen dazu. Im Laufe der Zeit wachsen die Siedlungen zusammen und bilden einen **weltweiten** Teppich als Zeichen für die **Vernunft** des Menschen und der **Achtung allen Seins.**

Die Landsitze produzieren Waren, Wissen und Erfahrungen und **tauschten sich untereinander aus.** Jede Familie dieser Erde besitzt ihr eigenes Land. **Zusammen feiern** wir jährlich den **Feiertag der Erde.** Immer am 23. Juli.

Die Idee der Familienlandsitze ist somit Teil des Wandels der **Menschheit** hin zu einer **lebenswerten Welt** und einer **Zukunft.** Einer **Welt ohne Kriege,** Hunger und Elend. Einer strahlenden und schönen **Welt in Frieden,** Glück und Harmonie für alle Lebewesen dieser Erde und unseres **Universums.** Eine **friedvolle Zukunft** für unsere **Kinder,** Kindeskinder und alle kommenden **Generationen.**

7. Die Zielgruppe

Das Modell der Familienlandsitze ist für Menschen, die ein erfülltes und glückliches Leben im Einklang mit der Natur und dem Leben führen wollen. Ein Leben mit der Familie, in Gemeinschaft, in gegenseitiger Hilfe und mit Zeit für persönliche Interessen. Ein unabhängiges und selbstbestimmtes Leben mit einer Zukunft für die Kinder und für kommende Generationen. Ein Leben für Menschen denen SEIN wichtiger ist als Haben. Für Visionäre und Macher!

8. Das Leitbild

Wir leben ein naturnahes Leben - mit Achtsamkeit, Respekt und Harmonie der Schöpfung, des Lebens, der Menschen, der Natur und aller seiner Wesen. Ein Leben in Selbstbestimmung, Selbstverantwortung, Gemeinschaft, Respekt und Liebe. Wir helfen uns mit Wissen, Fähigkeiten, Können und Ressourcen. Wir träumen, planen, handeln und feiern. Hilfe und Gemeinschaft werden bei uns großgeschrieben. Wir wollen und gestalten eine Zukunft für unsere Kinder, Kindeskinder sowie für alle kommenden Generationen. Eine Zukunft für uns und unsere Welt.

Die Gemeinschaft strebt eine 100 Prozentige dezentrale, sinnvolle und autarke Versorgung mit Wasser und regenerativer Energie an.

Dabei nutzen wir Sonne, Wind, freie Energie, Erdwärme, Holz, Kraft-Wärme-Kopplung und zukünftiger innovativer Entwicklungen.

Wir arbeiten nachhaltig und schonend. Unsere Vorbilder sind die Kreisläufe der Natur, des Lebens und des Universums.

Unsere Werte sind:

Gerechtigkeit, Fairness, Zusammenarbeit, Ehrlichkeit, Achtsamkeit, Hilfe, Aufrichtigkeit, Freiheit, Frieden und Harmonie.

9. Das Grundstück

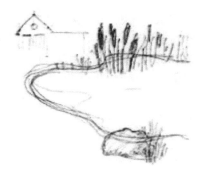

Da das Grundstück der Lebensraum kommender Generationen sein soll, ist seine Auswahl und Lage von großer Bedeutung. Das fängt mit der Wahl des Landes und der Klimazone an und erstreckt sich über das Meer bis zu den Bergen. Außerdem sind auch nicht alle Gebiete für einen Familienlandsitz geeignet. Es sind politische Systeme, gesetzliche Bestimmungen und die Fruchtbarkeit des Bodens zu beachten. Man sollte auch die Zukunft und sich evtl. entwickelnde Probleme in Hinsicht auf Politik, Wirtschaft und Klima zu beachten.

Hier mal ein paar Daten:

Größe: 1ha = 10.000 m2 = 100 x 100 m
Lebensraum: für bis zu 5 Personen und 3 Generationen
Lage: an einem Ort an dem Sie und ihre Familie für immer leben wollen
Aufteilung: Wald, Garten, Wohnen, Wiese, Teich

Ernährung: Obst, Gemüse, Beeren, Nüssen, Pilzen, Kräuter, Honig, Ziegen und Hühner

Zaun: aus Bäumen und Sträuchern mit essbaren Früchten, Beeren und Nüssen (innen und außen begehbar)

Wasserversorgung: Quelle oder Brunnen

Abwasser: Biotoilette und Pflanzenkläranlage

Stromversorgung: Solaranlage, Windrad, Wasserrad, freie Energie

Warmwasser und Heizen: Biomeiler, Sonne, Heizung, Ofen

10. Das Haus

Das Haus bietet geschützten Lebensraum für Sie und ihre Familie. Es ist entweder schon da oder muss erst gebaut werden. Bei einem Neubau kann aus vielen unterschiedlichen Hausarten und Materialien gewählt werden. Dabei sollte bevorzugt mit Materialien aus der Region gearbeitet werden. Auch der eigene Landsitz kann dabei eine Menge Baumaterial liefern, welches genutzt werden sollte.

Achten Sie bei ihrem Haus auch auf die **Ausrichtung,** welche in unseren Breitengraden in Richtung Süden zeigt. Wollen Sie ihren Landsitz in sehr warmen Regionen errichten, sollten sie das Haus aber eher vor der Sonne schützen. Jede Region, ihr Klima und ihre Besonderheiten spielen bei der Ausrichtung des Hauses eine andere Rolle.

Beachten Sie auch die Unterschiedlichen rechtlichen und gesetzlichen Vorgaben ihrer Region. Nicht alles darf so gebaut werden wie man es gerne hätte. Je mehr ein Haus von der Norm abweicht umso schwieriger wird seine Genehmigung. Allerdings steigt auch die Machbarkeit mit der Menge der Leute die solche Häuser planen und erfolgreich umsetzen.

Die verschiedenen Hausarten:

- gemauertes Haus
- Lehmhaus
- Strohballenhaus
- Sandsackhaus
- Earth Ship
- Blockhaus
- Holzhaus
- Erdhaus/Hobbithaus

Auch ein bewegliches Haus wie ein Wohnwagen, ein Zelt oder eine Jurte sind Möglichkeiten des Wohnens. Wenn auch sicher nicht auf Dauer.

11. Die Ernährung

Die Ernährung soll im Großteil mit selber angebauter Nahrung
gedeckt werden. Mit Methoden der biologischen Landwirtschaft,
Permakultur und dem Vorbild der Natur. Einfach, ohne viel Arbeit -
aber gesund und ergiebig.

Es gibt Obst, Gemüse, Früchte, Beeren, Nüsse, Pilze, Gewürzkräuter,
Heilkräuter, Honig und Wasser. Es können auch Bienen, Hühner und
Ziegen gehalten werden. Bei den über 300 bekömmlichen
Pflanzenarten die auf jedem Landsitz wachsen, finden sich:
Himbeeren, Johannisbeeren, Stachelbeeren, Gurken, Tomaten,

Erdbeeren, Äpfel, Süß- oder Sauerkirschen und Blumen. In jedem Garten sollen außerdem wenigstens eine Sonnenblume sowie zwei Quadratmeter Getreide (Roggen und Weizen) und zwei Quadratmeter Gräser und Kräuter vorhanden sein.

Die Ernährung von und mit der Natur liefert gesunde und frische Nahrung in bester Qualität. Sie hält jung und bietet bis ins Alter ein Leben in Gesundheit und Zufriedenheit. Was will man mehr.

Außerdem wird durch den Anbau alter, regionaler und bedrohter Sorten eine Vielfalt an Formen, Farben, Geschmäcker und Gerüche erhalten.

12. Die Wasserversorgung

Die Wasserversorgung der Familienlandsitze mit sauberem und gesundem Wasser beinhaltet die natürliche Gewinnung und einem Umgang nach dem Vorbild der Natur. Ziel ist dabei eine autarke und nachhaltige Wasserversorgung. Dazu können **Quellen**, **Brunnen**, **Bäche**, **Flüsse**, **Seen**, **Regenwasser** oder ein konventioneller **Wasseranschluss** dienen.

13. Das Abwasser und die Reinigung

Im Leben fällt Abwasser unterschiedlichster Art an. Ob aus dem Waschbecken oder der Toilette. Durch den Einsatz natürlicher Stoffkreisläufe, kann Wasser zurückgewonnen und gereinigt werden. Mit Komposttoiletten und Pflanzenkläranlagen werden organische Stoffe in den Kreislauf der Natur zurück geführt und die Fruchtbarkeit des Bodens erhalten. Es dient damit zur Gesundheit der von ihm lebenden Pflanzen, Tiere und Menschen.

Kompost-Toiletten

Im Unterschied zu Chemie-Toiletten sind Kompost-Toiletten Trocken-Toiletten deren Inhalt komplett biologisch abbaubar ist. Dabei werden die menschlichen Ausscheidungen in einem Rotte Behälter vollständig kompostiert.

Pflanzenkläranlagen

Pflanzenkläranlagen reinigen Abwasser auf natürliche und nachhaltige Weise. Sie bestehen dabei meist aus 2 Teilen. Einer mechanischen Vorreinigung und einem mit Pflanzen bewachsenem Bodenfilter in welchem sich Sand und Kies befinden. Dabei wird das Abwasser langsam durch das System geleitet und die Reinigung in erster Linie von Mikroorganismen erbracht.

Dabei sind Pflanzenkläranlagen kostengünstig, wartungsarm, geruchsfrei und langlebig. Sie lassen sich mit gängigen Materialien selbst einrichten und machen eine Kanalisation überflüssig.

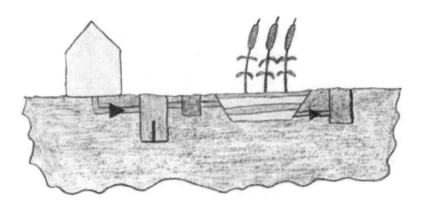

3. Schematische Darstellung einer Pflanzenkläranlage

14. Die Energie/Strom

Die Stromversorgung erfolgt über Solarzellen, Wind- und Wasserräder oder einen konventionellen Stromanschluss. Es sind aber auch andere nachhaltige und sinnvolle Methoden geeignet. Langfristiges Ziel sollte bei der Energieversorgung eine autarke Unabhängigkeit sein. Sparsamkeit dient dabei als Bedingung und macht aus Wenig viel.

15. Die Wärme

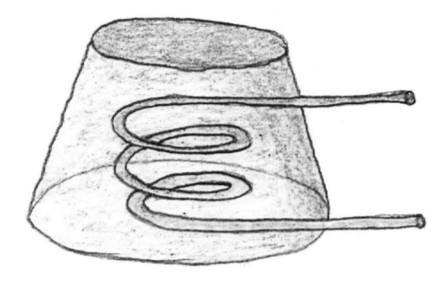

Um möglichst autark leben zu können, sollte auch bei der Wärmeerzeugung langfristig nicht auf konventionelle Öl- und Gasheizungen gesetzt werden. Zu empfehlen sind hier naturnahe und nachhaltige Lösungen, die sich einfach in Eigeninitiative umsetzen lassen.

Empfehlenswert sind z.B.:

- Biomeiler für die Wärmeerzeugung und Biogasherstellung
- Sonnenkollektoren z.B. auf dem Dach für behaglich warmes Wasser und angenehm temperierte Räume
- Erdwärme
- Holz-Heizungen
- traditioneller Ofen

4. Schematische Darstellung einer Kompostheizung

Sie können ihr Haus auch unter einem Erdhügel bauen, so dass 3 Seiten und das Dach unter der Erde liegen und die vierte Seite mit großen Fenstern Richtung Sonne zeigt. Die Erde hält die Temperatur relativ konstant und über die großen Fenster können sie mit der Sonnenwärme heizen.

16. Der Lebensraum

Ein Familienlandsitz bietet für alle hier lebenden Menschen und Familien **ganz besondere Möglichkeiten**, die das Leben zu etwas einzigartigen und schönen machen. Das eigene Land, die Grundstücksgröße, die Selbstversorgung, das auf Generationen ausgerichtete Lebensmodell, das Miteinander sowie das naturnahe Leben sind nur einige der Faktoren des Erfolges. Durch sie entstehen für kommende Generationen eine Heimat und eine Zukunft. Es wachsen wieder Familien im eigentlichen Sinn. Sie leben in ihrem *„Raum der Liebe"* in mitten von" *Ahnenbäumen"*. Hier kann man den Geist der gelebten Ahnen treffen und ihnen gedenken. Auch sollte man einen eigenen Ahnen- und einen Familienbaum pflanzen.

Der Lebensraum des Familienlandsitzes eignet sich hervorragend für Kinder. Hier ist die Natur der Lehrmeister und die Kinder lernen vom Leben für das Leben. Vor allem lernen sie wieder Respekt und Achtung vor dem Leben und der Schöpfung.

Ein Familienlandsitz ist auch gesundheitlich gesehen eine sehr gute Wahl. Das naturnahe Leben bringt Freude, Wohlbefinden und Selbstverwirklichung. Dabei ist selber angebaute Nahrung, für die Gesundheit nicht hochgenug einzuschätzen. Es gibt nichts Gesünderes, Wohlschmeckenderes und Frischeres. Ein Leben in der Apotheke der Natur umgeben von liebenden und hilfsbereiten Menschen lässt ein langes und glückliches Leben entstehen. Ein Leben, in dem jeder in Würde und Sicherheit alt werden kann.

Also ein ganz besonderer Ort!

17. Wie komme ich an das Land - Finanzierung

Die 8 Möglichkeiten

Land kann man aus öffentlicher Hand, der Kirche, von Firmen oder von Privatpersonen bekommen. Entweder bezahlt man dafür, bekommt es geschenkt oder Erbt es.

Beispiel 1

Der einfachste Weg ist wahrscheinlich der, sich ein Stück Land zu *kaufen*. Am besten mit vorhandenem Geld. Auch Leihen ist möglich. Dabei sollte man darauf achten von wem man das Geld zu welchen Konditionen bekommt. Das leihen von Freunden, Bekannten oder alternativen Möglichkeiten sollte den Banken vorgezogen werden.

Beispiel 2

Land Schenken lassen. Auch das schenken lassen von Land ist eine Möglichkeit. Das kann von Privatpersonen, Landwirten, von Firmen, vom Land oder von der Kirche sein. Auch eine Erbschaft ist möglich.

Beispiel 3

Geld spenden oder schenken. Menschen und Firmen die Gutes tun wollen spenden Geld für den Aufbau nachhaltiger Lebensmodelle. Dieses Geld wird gesammelt und für den Land-Freikauf verwendet. Zur Verwaltung bieten sich eine Stiftung oder ein Verein (e.V.) an.

Beispiel 4

Forschungsprojekt. Das Land kann von der öffentlichen Hand als Forschungs- und Pilotprojekt vergeben werden. Dabei sollte man aber darauf achten, das Land auch später einmal zu besitzen, ansonsten macht man sich die Arbeit vielleicht umsonst und muss seinen liebevoll angelegten Landsitz wieder abgeben.

Beispiel 5

Erbbaupachtvertrag mit einem Landwirt/en. Mit einem Landwirt/en kann ein Erbbaupachtvertrag (evtl. 99 Jahre) abgeschlossen werden. Aber auch hier sollte man daran denken, dass es passieren kann, dass einem das Land niemals gehört. Also langfristig planen und handeln.

Beispiel 6

Geld aus einer Stiftung. Auch von Stiftungen kann man Geld erhalten. Dabei sollte man gezielt Stiftungen ansprechen deren Stiftungszweck mit der Familienlandsitz-Idee übereinstimmt oder ähnlich ist.

Beispiel 7

Zeitungsannonce: Familie sucht Hof zur aktiven Hilfe zwecks späterer *Übernahme* und Weiterführung. Dabei kann unter anderem älteren Menschen und Kranken in Haus & Hof geholfen werden. So wird der Hof erhalten und der Eigentümer bekommt individuelle Hilfe und Gemeinschaft. So ergibt sich ein WinWin Situation für alle Beteiligten.

Beispiel 8

Als letzte Möglichkeit möchte ich noch erwähnen, dass man eine **ungenutzte Fläche einfach besiedeln** kann - in der Hoffnung dass es keiner merkt. Davon möchte ich aber abraten. Die Chance dass das funktioniert ist doch relativ gering und eher etwas für Waghalsige. Sollte aber mal alles Zusammenbrechen und es die Situation nötig machen, dann ist diese Möglichkeit vielleicht die Beste.

-

Natürlich können auch alle Möglichkeiten gemixt werden. Jeder sollte, die für sich und sein Projekt beste Lösung wählen.

18. Der Weg zum eigenen Landsitz - Ablaufplan

Hier können Sie dem Motto **"Träumen - Planen - Handeln - Feiern"** aus dem *Dragon Dreaming* folgen.

Das hier beschriebene Szenario kann ein mögliches sein, aber auch ganz anders aussehen.

Phase I - Die Vision - Träumen

Als erstes müssen Sie sich ihren fertigen Landsitz vorstellen können. Er muss vor Ihrem geistigen Auge entstehen. Das schöne Haus, der grüne Garten, der Sonnenaufgang über dem See und das zwitschern der Vögel in den Bäumen.

Aus diesen Träumen entwickeln sich erste Zeichnungen und vielleicht auch Modelle. Daraus werden konkrete Pläne und Aufgaben, aus denen wiederum der eigene Familienlandsitz hervor gehen wird. Denn, wir sind die Schöpfer unserer eigenen Realität.

Phase II - Planen - Manifestation des Siedlungslandes

Jetzt geht es darum die Vision zu planen und ins Rollen zu bringen. Das können Sie alleine tun oder zusammen mit interessierten Menschen, die ihren eigenen Familienlandsitz nach Anastasia erschaffen wollen und sich in einer Landsitzsiedlung zusammenschließen. Sie bilden eine Initiativgruppe und erarbeiten zusammen einen möglichen Weg zum Ziel. Dabei werden Sie in der Gruppe zwar langsamer voran kommen als alleine, aber auch weiter.

Sie müssen jetzt: Kontakte knüpfen, Menschen auf Kennenlerntreffen, Infoabenden, Anastasia-Lesertreffen, Workshops und öffentlichen Veranstaltungen treffen und über ihr Projekt informieren. Sie müssen ihren Förderkreis ausbauen, ggf. Geldgeber finden und ihr Land finden. Dabei sollten Sie innerhalb von 2 Jahren, auf den Tag wenn das Land da ist hinarbeiten. Die Planung wird weiter detailliert und ausgebaut. Parallel bereiten sich alle Siedler auf die bevorstehende Besiedlung und Lebensweise vor. Dazu zählen das sammeln von Wissen sowie das erwerben von Fähigkeiten. Jetzt werden auch Werkzeuge, Baumaterial und Saatgut angeschafft.

So ist es auch für kommende Siedler von Vorteil, das gewonnene Wissen und die Erfahrungen mit anderen zu teilen und zu veröffentlichen.

Phase III - Handeln - Hurra das Land ist da

Nun heißt es seinen Landsitz und ggf. auch die Siedlung mit aufzubauen. Bei einem Siedlungsvorhaben sollten am Anfang die Gemeinschaftsflächen angelegt werden. Jeder Landsitz sollte zuerst den Zaun pflanzen und dann erst sein Grundstück gestalten. Dazu sollte jede Familie einen Gestaltungsplan mit Haus-, Garten-, Wald- und Wasserflächen anlegen und/oder ein Modell erstellen.

0-3 Jahre - Anlegen der Landsitze

In den ersten Jahren liegt die Hauptarbeit im Bau des Hauses, dem Aufbau der Gärten, dem Pflanzen von Obstbäumen und Sträuchern, dem Sichern der Nahrungsgrundlage, dem Anlegen des Waldes und des Teiches. Dabei wohnen die Siedler in den vorhandenen Häusern, in naheliegenden Wohnungen oder in mobilen Unterkünften wie Bauwagen, Jurten und Zelten.

3-10 Jahre - Erweitern der Siedlung

Jeder Familienlandsitz sollte jetzt mit dem groben Aufbau fertig sein. Es wird sich um Details gekümmert und die Eigenversorgung erhöht. In Siedlungen werden die Infrastruktur und die Gemeinschaftsbereiche weiter ausgebaut. Gemeinsame Aktivitäten nehmen zu. Nach und nach kommen neue Siedler dazu und bekommen Hilfe und Unterstützung von den anderen und der Gemeinschaft. Die Erfahrungen des Siedlungsbaues werden an andere Siedlungsgründer weiter gegeben.

10-20 Jahre - neue Siedlungen entstehen

Aus einzelnen Landsitzen sollten jetzt kleine Siedlungen entstanden sein und das Miteinander entwickelt sich zu Traditionen, Gebräuchen und Festen. So entstehen, eine Heimat für alle Familien und ein Anlaufpunkt für kommende Siedler.

19. Ab wann kann man von einem Landsitz leben

Ab wann man vom eigenen Familienlandsitz leben kann ist sehr unterschiedlich, und hängt von den jeweiligen Gegebenheiten ab. Diese sind z.B.: habe ich Geld , hilft mir jemand oder mache ich alles allein, steht schon ein Haus oder muss ich es erst Bauen, gibt es schon tragende Obstbäume und Sträucher, wie gut bin ich handwerklich, was sind meine Fähigkeiten, habe ich schon Erfahrung, siedel ich alleine oder in einer Siedlung, wie gut ist der Boden und der Ertrag, wie viele Personen ernährt der Landsitz, uvm.

Der Aufbau des eigenen Familienlandsitzes braucht seine Zeit. Mal mehr Mal weniger. Auch die Pflanzen und Bäume müssen meist erst wachsen, und das dauert auch ein paar Jahre. Außerdem müssen ein

Zaun errichtet, evtl. ein Haus gebaut, der Garten angelegt und die Wald- und die Wasserflächen geschaffen werden.

Bis ein Obstbaum das erste Mal Früchte trägt, ist je nach Sorte mit verschiedenen Wartezeiten zu rechnen. Neue, kleinwüchsige Sorten tragen nach ca. 5 Jahren das erste Mal ein paar wenige Früchte. Ältere, hoch- und langsam wachsende Sorten, wie zum Beispiel der Boskop, benötigen schon eher 10 Jahre, bis man das erste Mal ernten kann. Die im Fachhandel angebotenen Bäume sind in der Regel 2 bis 3 Jahre alt. Ein neu gepflanzter Apfelbaum muss sich erst langsam an seinen neuen Standort gewöhnen. Ab dem dritten Jahr kann schließlich mit essbaren Äpfeln gerechnet werden.

Anastasia spricht in diesem Zusammenhang übrigens von ca. 5 Jahren die benötigt werden um ein Haus zu bauen und einen Garten anzulegen. *Anastasia, Band 5, S. 44*

Ansonsten sollte auch nicht vergessen werden dass, selbst wenn man autark von seinem Landsitz leben kann, immer noch Geld benötigt wird um in unserem System leben zu können. Da gibt es Steuern und Kosten die an den Staat oder andere Institutionen gezahlt werden müssen. Auch ein Telefon- oder Internetanschluss kostet Geld. Und dieses Geld muss man haben oder aufbringen. Dazu können auf dem Familienlandsitz Überschüsse erwirtschaftet, etwas hergestellt oder etwas angeboten werden. Sie können z.B. Produkte, Wissen, Seminare, Kurse, Lesungen, Ausstellungen uvm. anbieten. Auch können Sie anderen Landsitz-Bewohnern beim Hausbau oder dem Anlegen des Gartens helfen und dadurch evtl. Geld erwirtschaften. Alles was möglichst regelmäßige Einnahmen schafft ist willkommen. Lassen sie sich etwas einfallen was zu ihnen passt!

In der Gemeinschaft ist es immer sinnvoll etwas besonders gut zu können oder zu wissen. Sich also spezialisieren. Daher sollte man seine Einnahmeideen auf vorhandenen Interessen aufbauen. Oft finden sich auch im Umkreis der eigenen Interessen und Fähigkeiten viele Möglichkeiten sein Können gewinnbringend einzusetzen.

20. Den Landsitz anlegen - Arbeiten

Das Anlegen eines Landsitzes setzt sich aus vielen unterschiedlichen Arbeiten zusammen. Diese sind z.B.:

- den **Zaun** anlegen
- das **Haus** bauen
- weitere **Anlagen** anlegen (Wege, Brunnen, Speicher, Werkstatt, Windrad, Solaranlage, Pflanzenkläranlage...)
- den **Garten** anlegen (Obstbäume, Permakultur Garten, essbare Beeren, Früchte, Nüsse, Pilze, Bienen, Nutztiere...)
- die **Waldfläche** anlegen
- die **Wasserfläche** anlegen (Teich und Wasserausgleichsflächen)

Alle diese Arbeiten sind nötig um aus einem Stück Land einen Familienlandsitz zu formen. Je nach persönlichen Wünschen, Zielen und der eigenen Motivation, fallen diese Arbeiten unterschiedlich aus.

21. Das Baumaterial

Das Baumaterial sollte aus der Region und dem eigenen Landsitz stammen. Auch hier sollte, im Sinne des Leitbildes, ökologisch nachhaltig gedacht und gemacht werden.

Dabei können Baumaterialien gebraucht gekauft, neu gekauft oder selber angebaut werden. Am besten sind gebrauchte Materialien die man bei Abrissen, vom Müll, vom Straßenrand oder anderweitig bekommt.

Häufige Materialien sind zum Beispiel:

Holz, Lehm, Stroh, Schilf/Riedgras, Bambus, Sand, Erde, Wolle, Daunen/Federn, Wolle, Pappe/Papier, Glas und vieles mehr.

Aus ihnen lassen sich die unterschiedlichsten Sachen herstellen. Auch farbige Flaschen und Gläser können sie wunderbar verbauen. Und wenn sie ein Seil benötigen, so machen sie diese doch einfach aus Brennesselfasern. Auch das Bauen mit alten Autoreifen ist möglich aber nicht die beste Wahl.

Der Möglichkeiten gibt es viele. Suchen Sie die für sie Passende.

22. Das Werkzeug

Um einen Familienlandsitz aufzubauen und zu bewirtschaften, werden verschiedene Werkzeuge benötigt. Dabei sollte auf Einfachheit, mögliche Stromunabhängigkeit und gute Reparierbarkeit der Werkzeuge geachtet werden. Meist haben sich Geräte aus vergangenen Generationen bewährt, so dass man auch heute noch das benutzen kann, was unsere Großeltern schon erfolgreich benutzt haben.

Hier zu erwähnen sind z.B.:

- Messer
- Axt
- Hammer
- verschiedene Sägen
- Bohrmaschine/Akkuschrauber/Handbohrer

- Handwagen
- Spaten und Schaufel
- Feilen
- Wasserwage
- Zollstock und Rollmaß
- Lineal
- Stechbeitel
- Knotenschnur zum Abmessen rechter Winkel
- Schraubenzieher
- Meißel
- Bleistifte
- Fässer (für Regen- und Grauwasser)
- Kisten
- Eimer
- Schubkarre
- Sense oder Rasenmäher (mechanisch oder elektrisch)
- uvm.

Zusätzlich zu gutem Werkzeug, benötigen Sie noch die Richtige Kleidung:

- 1-2 Paar feste Schuhe (möglichst Knöchelhoch)
- 1-2 Paar Gummistiefel
- 1-2 Paar Gartenlatschen
- 2 Arbeitshosen/Latzhosen
- 2 Arbeitsjacken (1 dünne + 1 dicke)
- 1-2 warme Mützen + Handschuhe für die kalte Jahreszeit
- 1-2 Paar Garten-Handschuhe

- ggf. Thermounterwäsche
- ggf. feste Socken für die Arbeitsschuhe und den Winter
- 1 Arbeitsgürtel
- ggf. 1 Bauhelm

Bei Werkzeug und Kleidung lohnt es sich auf gute Qualität zu achten. Bei guter Pflege haben sie so, lange Freude und wenig Reparaturen an ihrer Ausrüstung.

Als letztes möchte ich Ihnen noch einen Tipp geben. Beschaffen Sie sich ein paar **gute Bücher** über Selbstversorgung, autarkes Leben und Überleben in der Wildnis. Hier finden Sie wertvolle Tipps für die ersten Schritte. Diese Tipps können ihr Leben sehr vereinfachen und im Notfall sogar retten.

23. Fähigkeiten - Was man können sollte

Um erfolgreich einen Familienlandsitz aufzubauen und darauf auch leben zu können, bedarf es einiger Fähigkeiten und Wissens. Deshalb sollten Sie sich schon vorher vorbereiten. Lesen Sie Bücher und besuchen sie Kurse. Das erleichtert ihr Vorhaben erheblich. Kreativität und handwerkliches Geschick sind dabei genauso wichtig wie Ausdauer und Robustheit. An einem eigenen kleinen Garten können sie vorher schon viele Erfahrungen mit Anbau, Ernte und Lagerung von Nahrungsmitteln sammeln. Er ist eine gute Grundlage für den Aufbau eines eigenen Landsitzes und das Leben als Selbstversorger. Der Garten ist dabei ein guter Lehrmeister für das Verstehen der Natur, des Wetters, der Jahreszeiten und der Kreisläufe des Lebens.

Themen mit denen Sie sich beschäftigen sollten:

- Garten, pflanzen und ernten, Ernährung, Lebensmittelanbau
- einen Garten anlegen, Permakultur...
- Obst und Gemüse haltbar machen + lagern (einwecken, trocknen...)

- Wassergewinnung
- Energiegewinnung
- Wärmeversorgung
- Toilette und Abwasser
- Kompost
- Brot backen und andere Backwaren
- Hausmittel/Heilmittel /Heilkräuter
- Waschmittel herstellen
- Sensen
- Nutztiere
- uvm.

Es wird auch einfacher, wenn sich mehrere Personen zusammenschließen, weil dann nicht jeder alles können muss. Die Möglichkeiten und die Geschwindigkeit der Umsetzung steigen dabei mit der Anzahl der Leute.

Für das Leben auf einem Familienlandsitz oder einer Siedlung sollten aber auch spezielle Eigenschaften mitgebracht werden. So z.B.:

- Genügsamkeit
- Zusammenarbeit
- Teamgeist
- Fairness

Je mehr sie vorher können und wissen, desto schneller und einfacher kommen Sie ans Ziel. Dabei sollte jeder seinen eigenen Weg finden. Der Eine plant alles, und ein Anderer springt einfach ins kalte Wasser. Egal für welchen Weg du dich entscheidest: Hauptsache Du tust etwas für Deine Vision.

24. Weitere Informationen

Hier finden sie viele weitere Informationen rund um das Thema Familienlandsitz. Wie z.B. Links, Websites, Bücher, YouTube-Videos, Zeitschriften, ähnliche Projekte, Veranstaltungen, Treffen, Karten uvm.

Links/Websites/Internetquellen

Familienlandsitz Siedlung: http://www.familienlandsitz-siedlung.de/

Band9: http://wir-erschaffen-band9.de/

Karte mit Familienlandsitzen: http://www.familienlandsitz-siedlung.de/siedlungsprojekte.html

Familienlandsitz Landolfswiese: http://www.landolfswiese.de/

Weda Elysia: http://www.weda-elysia.de/

Weda Elysia Projektmappe: http://www.weda-elysia.de/tl_files/daten/Projektmappe/Weda%20Elysia%20PM%20April%202015_fuer%20PDF.pdf

Globale Ökodörfer: http://db.ecovillage.org/de/

Garten WEden Blog: http://blog.gartenweden.de/

Happy Gaia: http://www.happygaia.com/de/

Experiment Selbstversorgung Blog:
http://experimentselbstversorgung.net/

Mehrgenerationensiedlung: http://mehrgenerationensiedlung.org/

Wir sind Dorf: http://wir-sind-dorf.com/

Wikipedia: *Anastasia Buchreihe*,
https://de.wikipedia.org/wiki/Anastasia_(Buchreihe)

Website von Wladimir Megre: http://www.vmegre.com/en/

Anastasia Website Russisch: http://www.anastasia.ru/

Anastasia Website Deutschland: http://anastasia-de.eu/

Anastasia Website Schweiz:
http://anastasia.elfenhaus.org/info/anastasia/

Netzwerk für Familienlandsitz-Siedlungen in Deutschland:
http://www.familienlandsitz-siedlung.de/

Deutsche Anastasia Fanseite: http://www.bunkahle.com/Anastasia

Lowriseplanet: http://www.lowriseplanet.net/index.php/auf-
deutsch.html

Videos

YouTube-Video: Familienlandsitze und Siedlungen nach „Anastasia"
einfach erklärt: https://www.youtube.com/watch?v=96sttin8f9U

YouTube-Video: "Rodnoje" Doku über eine Familienlandsitz-Siedlung
in Russland: https://www.youtube.com/watch?v=Y4KMOyOFnCk

Bücher, Zeitschriften und DVD´s

Anastasia Buchreihe von Wladimir Megre:
https://www.meerstern.de/buecher/anastasia.html

eurotopia-Gemeinschaftsverzeichnis: Buch, ISBN 2. Auflage: 978-3-
9816860-0-5

Garten WEden Zeitschrift: http://www.gartenweden.de/

Ein neues Wir - Ökologische Gemeinschaften und Ökodörfer in
Europa: DVD, **ASIN:** 3950266267

Studien, Forschungsberichte und Dissertationen

Bachelor-Arbeit "Familienlandsitz-Siedlungen als
Nachhaltigkeitskonzept" von Laura Kirsch:
http://www.familienlandsitz-
siedlung.de/tl_files/downloads/FLSS_als_Nachhaltigkeitskonzept_Lau
ra_Kirsch.pdf

NABU: Naturschutz und Ökolandbau – Status quo und Empfehlungen, http://www.nabu.de/agrarwende/naturschutz_und_oekolandbau.pdf

Anastasia Bücher

- Band 1: *Anastasia – Tochter der Taiga*, 2003, ISBN 978-3-905831-17-7 als Hörbuch, 2013, ISBN 978-3-905831-26-9

- Band 2: *Anastasia – Die klingenden Zedern Russlands*, 2004, ISBN 978-3-906347-71-4 als Hörbuch, 2014, ISBN 978-3-905831-34-4

- Band 3: *Anastasia – Raum der Liebe*, 2005, ISBN 978-3-905831-20-7

- Band 4: *Anastasia – Schöpfung*, 2005, ISBN 978-3-905831-21-4

- Band 5: *Anastasia – Wer sind wir?*, 2006, ISBN 978-3-905831-22-1

- Band 6: *Anastasia – Das Wissen der Ahnen*, ISBN 978-3-89845-040-9

- Band 7: *Anastasia – Die Energie des Lebens*, ISBN 978-3-89845-058-4

- Band 8 (Teil 1): *Anastasia – Neue Zivilisation*, 2005, ISBN 978-3-89845-123-9

- Band 8 (Teil 2): *Anastasia – Bräuche der Liebe*, 2007, ISBN 978-3-89845-180-2

- Band 10: *Anastasia – Anasta*, 2011, ISBN 978-3-905831-05-4

Hinweis zur Nummerierung: Gemäß dem Autor soll Band 9 im Lauf der Zeit aus Texten von Lesern und Bewohnern von Familienlandsitzen zusammengestellt werden. Dazu gibt es eine Textstelle im Band 6 auf Seite 60: *Aber dein neuntes Buch wirst du nicht schreiben, Papa. Es wird von vielen Menschen, Erwachsenen und Kindern, geschaffen werden. Es wird ein lebendiges Buch sein. Es wird aus vielen herrlichen Kapiteln – paradiesischen Familienlandsitzen – bestehen. Die Menschen werden dieses Buch auf der Erde mit den lustigen Buchstaben ihres Vaters schreiben. Es wird ein ewiges Buch sein.* (Wolodja, Sohn von Wladimir Megre und Anastasia)

Nach Angaben auf der Webseite des Autors beträgt die Gesamtauflage der Bücher, die in 20 Sprachen übersetzt wurden, bisher 11 Millionen (Stand 2010). Die deutschen Übersetzungen erscheinen im Govinda- und Silberschnur-Verlag.

Im Jahr 2014 erschien im Govinda Verlag ein Schlagwortregister für die Buchreihe:

Anastasia-Index - *Gesamtindex für die Bände 1 bis 10*, 2014, ISBN 978-3-905831-29-0

Veranstaltungen/Feste/Treffen

Aktuelle Termine zu Treffen und Veranstaltungen:

http://www.familienlandsitz-siedlung.de/treffen.html (Anastasia Lesertreffen/Lesekreis, Familienlandsitz Treffen, Siedlertreffen)

Anastasiafestspiele Deutschland (jedes Jahr an einem anderen Ort): http://www.landolfswiese.de/anastasiafestival-deutschland/

25. Nachsatz

Es ist die Absicht dieses Buches, dem Leser eine Vorstellung von den, der Familienlandsitze innewohnenden Möglichkeiten zu geben und zum Handeln zu motivieren. Für die Schaffung einer planetarischen Gesundheit, eines ökologischen Gleichgewichtes und eines harmonischen Lebens liegt noch ein weiter Weg vor uns.

Die Arbeit vieler Menschen zu dieser Idee hat aus einem Gedanken etwas Einzigartiges erschaffen. Etwas, was wächst und gedeiht. Etwas, was jeder mit seinen Gedanken und Taten wachsen lassen kann.

Wenn auch Sie diese Idee unterstützen wollen, werden Sie aktiv. Egal mit was. Erzählen Sie es weiter, besuchen Sie Treffen, schreiben Sie Artikel, spenden Sie Geld oder malen Sie Bilder. Hauptsache sie unternehmen etwas. Lassen Sie sich etwas einfallen!

Denn: *Zusammen können wir die Welt verändern.*

Also packen wir es an!

26. Danksagungen

Ich danke dem Leben, der Liebe und allem Guten für ihren Einsatz. Ihr habt dieses Buch erst ermöglicht.

Mein ganz besonderer Dank gilt dabei Anastasia und Wladimir Megre für diese großartige Idee und ihr leidenschaftliches Schaffen.

Einen großen Dank auch an „Weda Elysia" für ihre Taten & Werke, und an alle, die diese Idee so weit gebracht haben.

Mit Licht & Liebe

Dirk Püschel

27. Hilfe & Beratung

Wenn Sie ihren eigenen Familienlandsitz erschaffen wollen, stehe ich Ihnen gerne mit Beratung & Planung zur Seite.

Meine Themen und Leistungen

- ländliche und ökologisch sinnvolle Lebensmodelle
- Aufbau einer sicheren und lebenswerten Zukunft für sich , seine Kinder und seine Familie
- Leben im Einklang mit der Natur und der Schöpfung
- Familienlandsitze als Krisenvorsorge
- den richtigen Ort finden
- einen Ort auf Tauglichkeit testen
- Was muss ich für die Umsetzung Wissen und Können
- Wie kann ich MEINEN Familienlandsitz erschaffen - der Weg
- die Grundstücksgestaltung - Landschaftsgestaltung, Garten- und Landschaftsbau
- Planung ihres Familienlandsitzes
- Ich erstelle alle Zeichnungen ihrer Familienlandsitz-Vision

Auf Wunsch halte ich auch Vorträge zu diesem Thema.

Bitte schreiben Sie mir, wenn Sie Interesse an meinen Leistungen haben.

Dirk Püschel, Berlin, 1111@gmx.de

Leere Seiten für Ihr Projekt

Notizen & Skizzen

-

Benutzen Sie dieses Buch gleich als erstes Projektbuch. Beschreiben Sie auf 1-2 Seiten ihren Familienlandsitz. Wie sieht er aus, wie ist das Klima, das Wetter und mit wem leben sie dort? Leben Sie am Meer oder in den Bergen?

Entwerfen Sie in Gedanken ihre Welt und bringen Sie diese aufs Papier. Dabei geht es nicht um professionelle Texte, sondern um erste Gedanken. Aus diesen lassen sich nach und nach schönere Texte formen.

Hier ein paar leere Seiten für ihre eigenen Notizen und Skizzen.

Hier ein paar leere Seiten für ihre eigenen Notizen und Skizzen.

Hier ein paar leere Seiten für ihre eigenen Notizen und Skizzen.

Hier ein paar leere Seiten für ihre eigenen Notizen und Skizzen.

Hier ein paar leere Seiten für ihre eigenen Notizen und Skizzen.

Hier ein paar leere Seiten für ihre eigenen Notizen und Skizzen.